LA VERDADERA CIENCIA DE LA SUPERVELOCIDAD Y LA SUPERFUERZA

Christina Hill

ediciones Lerner ◆ Mineápolis

ediciones Lerner
Una división de Lerner Publishing Group, Inc.
241 First Avenue North
Mineápolis, MN 55401, EE. UU.

Si desea averiguar acerca de niveles de lectura y para obtener más información, favor consultar este título en www.lernerbooks.com.

Fuente del texto del cuerpo principal: Aptifer Sans LT Pro.
Fuente proporcionada por Linotype AG.

Library of Congress Cataloging-in-Publication Data

Names: Hill, Christina, author.
Title: La verdadera ciencia de la supervelocidad y la superfuerza / Christina Hill.
Other titles: Real science of superspeed and superstrength. Spanish
Description: Minneapolis : ediciones Lerner, Una división de Lerner Publishing Group, Inc., [2024] | Series: La verdadera ciencia de los superpoderes. Alternator books en Español | Translation of: Real science of superspeed and superstrength. | Includes bibliographical references and index. | Audience: Ages 8–12 | Audience: Grades 4–6 | Summary: "Whoosh! Superheroes can run faster than any vehicle can carry them. See how scientists and engineers use technology to help people move and work like never before. Now in Spanish!"—Provided by publisher.
Identifiers: LCCN 2022062129 (print) | LCCN 2022062130 (ebook) | ISBN 9781728491820 (lib. bdg.) | ISBN 9798765607718 (pbk.) | ISBN 9781728494784 (eb pdf)
Subjects: LCSH: Speed—Juvenile literature. | Force and energy—Juvenile literature. | Superheroes—Juvenile literature. | Technological innovations—Juvenile literature. | BISAC: JUVENILE NONFICTION / Science & Nature / Anatomy & Physiology | JUVENILE NONFICTION / Paranormal & Supernatural
Classification: LCC Q175.2 .H5518 2024 (print) | LCC Q175.2 (ebook) | DDC 531/.112—dc23/eng20230316

Fabricado en los Estados Unidos de América
1-53121-51131-12/29/2022

CONTENIDO

Introducción
Fuerte y veloz — 4

Capítulo 1
La ciencia de la velocidad — 6

Capítulo 2
La ciencia de la fuerza — 12

Capítulo 3
La verdadera supervelocidad
y superfuerza — 18

Capítulo 4
Romper récords — 24

¡El superhéroe eres tú! — 29

Glosario — 30

Más información — 31

Índice — 32

FUERTE Y VELOZ

"¡Que alguien salve a mi perro!". Escuchas un pedido de ayuda y ves a una multitud reunida. A dos cuadras, un cachorro curioso está corriendo por una calle muy transitada de la ciudad. Con una ráfaga de supervelocidad, corres hacia el cachorro y lo alcanzas en menos de un segundo. Pero antes de poder agarrarlo, suena una bocina como advertencia. Miras y ves que un camión inmenso se acerca a toda velocidad hacia ustedes.

Afortunadamente, la velocidad no es tu único superpoder. ¡También tienes superfuerza! Sin esfuerzo, tomas el cachorro con una mano, mientras que la otra se extiende para lograr que el camión se detenga suavemente.

¡Con supervelocidad y superfuerza, podrías salvar a todos los cachorros errantes en el mundo! ¿Parece un sueño, verdad? ¿Pero qué significaría realmente tener estos poderes?

La superfuerza es un superpoder común para los héroes de historietas.

CAPÍTULO 1

LA CIENCIA DE LA VELOCIDAD

¡La supervelocidad es una superhabilidad!

Muchos héroes de historietas y de cine son naturalmente superrápidos. Otros necesitan elementos mágicos para ayudarlos, como trajes especiales, martillos mágicos o aviones. Muchos personajes puede desplazarse más rápido que la velocidad de la luz, que es de 761 millas (1,225 km) por hora. Algunos son famosos por ser más rápidos que una bala, o unas 1,800 millas (2,897 km) por hora. ¡Otros incluso pueden moverse a la velocidad de la luz o superarla!

¿Qué hay de viajar a la velocidad de la luz en la vida real? De acuerdo con el físico Albert Einstein, cualquier cosa que tenga masa nunca podrá viajar tan rápido como la luz. La masa es la medida de peso, o la cantidad de material del que un objeto está hecho. La luz está hecha de protones, que son partículas sin masa. No necesitan energía para moverse. La luz viaja a 186,282 millas (299,792 km) por segundo. Los seres humanos tienen masa, así que de acuerdo con las leyes conocidas de la física, nunca podremos viajar a la velocidad de la luz.

DATOS SUPERRÁPIDOS

Las ondas de presión se acumulan cuando algo viaja por el aire más rápido que la velocidad del sonido. Esto crea una onda sísmica. *¡BUM!*

Echemos un vistazo a la ciencia detrás de la supervelocidad. Dos cosas que se frotan una contra la otra causan fricción. La fricción causa calor. Más velocidad implica más frotación, lo cual causa más calor. Si los seres humanos corrieran a una supervelocidad, la fricción de sus pies frotando en el suelo se acumularía lo suficiente como para quemar la piel. Los zapatos normales no servirían. Además, piensa en lo que les sucede a tu cabeza y cuello cuando estás en un automóvil que se sacude de golpe hacia adelante. La aceleración de la supervelocidad tendría que ser lo suficientemente gradual como para que el cuerpo humano pudiera sobrevivirla.

Encender un fósforo causa la suficiente fricción como para generar fuego.

Otra cosa a considerar es la presencia de las partículas en el aire. Si bien el aire puede parecer vacío, no lo está. A una supervelocidad, las pequeñas partículas de polvo podrían cortar la piel humana. Los elementos que se caen hacia la Tierra desde el espacio se queman debido a la fricción causada por frotarse contra las moléculas de aire en la atmósfera de la Tierra a altas velocidades. Una nave espacial que regresa a la Tierra está equipada con escudos especiales para empujar el calor de la fricción hacia afuera cuando aterrizan.

Trajes y calzados muy técnicos podrían ayudar a proteger a las personas a supervelocidades, pero el tiempo de reacción es otro problema. Al cerebro le toma entre un sexto y un tercio de segundo reaccionar a algo que vemos. A velocidades normales, el tiempo de reacción no es un gran problema. Si estás corriendo por la calle y ves la rama de un árbol adelante, tienes el tiempo suficiente como para agacharte. Cuanto más rápido vas, menos tiempo de reacción tienes. Esa rama de árbol podría ser letal. Hasta correr por un desierto vacío podría ser peligroso. Un pequeño insecto podría causar un daño grave si te da en la cabeza.

Moverse lentamente nos da el tiempo de reacción suficiente como para evitar obstáculos.

Los cinturones de seguridad evitan que los conductores se den contra el volante cuando los vehículos se detienen de pronto.

Incluso si el ser humano podría superar el problema del tiempo de reacción, tendría que reducir la velocidad a un ritmo seguro. ¿Alguna vez estuviste en un automóvil que haya dado un volantazo o frenado repentinamente? Si tuvieras que detenerte de repente desde una velocidad superrápida, esa sensación se multiplicaría y tu cuerpo no sobreviviría.

CAPÍTULO 2

LA CIENCIA DE LA FUERZA

Piensa en todas las cosas que podrías hacer si tuvieras superfuerza.

Algunos héroes de ficción son tan fuertes que pueden levantar camiones con una mano o detener trenes a toda velocidad con el cuerpo. ¿Cómo obtuvieron la superfuerza? Para los personajes que no son humanos de otros planetas, los poderes pueden ser parte de su composición genética. ¡Otros consiguen la fuerza a través de hechizos de magia, mutaciones genéticas causadas por experimentos o incluso el veneno de picaduras de arañas!

PODER ANIMAL SORPRENDENTE

Piensa en el animal más fuerte de la Tierra. ¿Te imaginas un elefante o un gorila? El tamaño no siempre es sinónimo de fuerza. ¡El animal más fuerte es el diminuto escarabajo pelotero! Este poderoso insecto tiene la mayor fuerza en comparación son su tamaño. Puede transportar 1,141 veces el peso de su cuerpo. ¡Para la persona promedio, eso equivaldría al peso de trece elefantes africanos!

La mayoría de las personas no pueden usar más del cincuenta por ciento de su fuerza total de una vez. Si aprendieran a usar el 100 por ciento, ¿podrían ser tan fuertes como los héroes en las historietas y en las películas? Echemos un vistazo a la ciencia detrás de la fuerza.

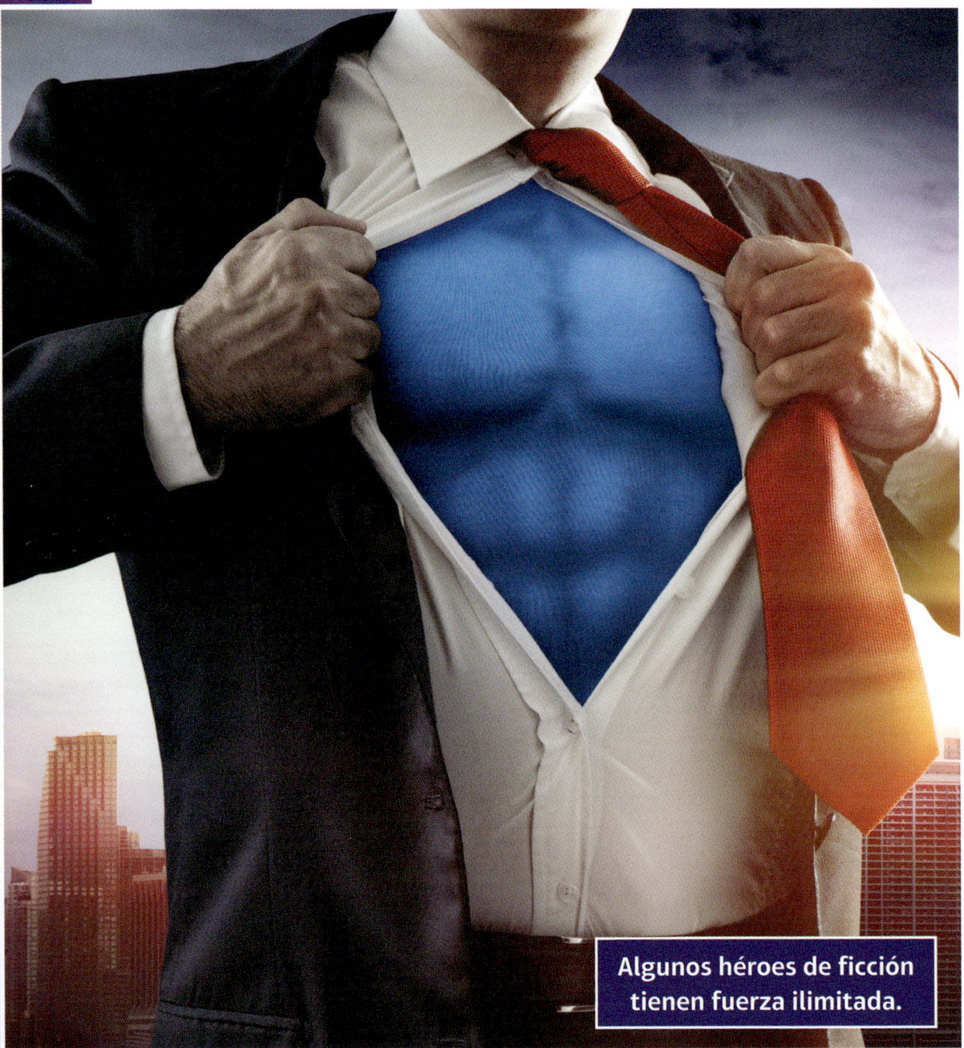

Algunos héroes de ficción tienen fuerza ilimitada.

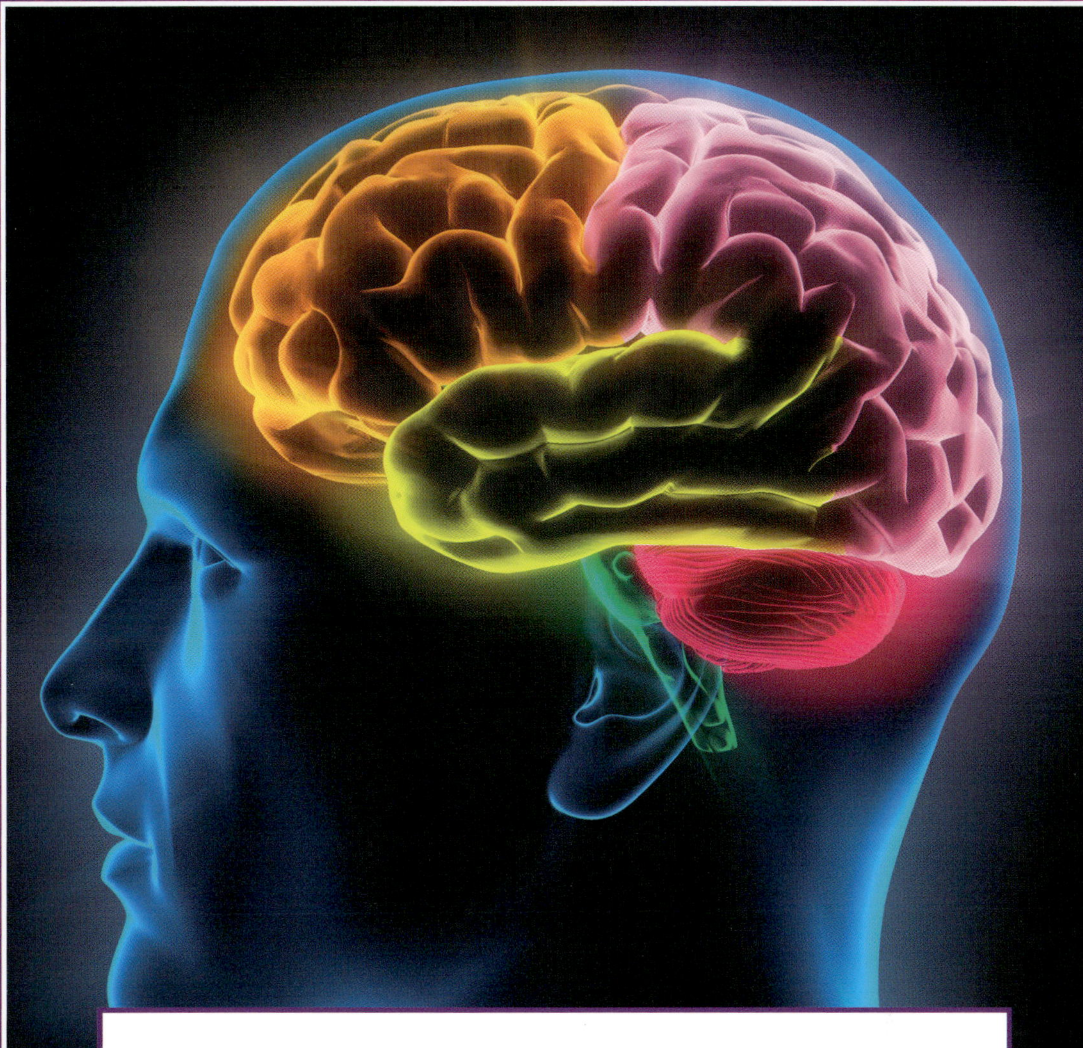

El cerebro humano limita la cantidad de fuerza que podemos usar para evitar dañar nuestros músculos y otras partes del cuerpo. ¡Los seres humanos son inteligentes! Nuestros cerebros están diseñados para proteger nuestros cuerpos del daño, incluso del daño provocado por levantar algo que sea demasiado pesado. Si usáramos cada ápice de fuerza para levantar cosas extremadamente pesadas, nuestros huesos y músculos pueden no ser lo suficientemente fuertes como para sostenerlas sin dañarse.

El tamaño no siempre es sinónimo de fuerza, pero la mayoría de los héroes de ficción tienen cuerpos y músculos muy grandes. ¡Pueden levantar un automóvil en el aire, pero es posible que les cueste meterse detrás del volante!

La superfuerza haría que las tareas cotidianas fueran difíciles. Podrías romper fácilmente el mando a la mitad al jugar a los videojuegos. La acera podría hacerse pedazos bajo la fuerza de tus pasos. Y ser superfuerte no significaría ser indestructible. Con la superfuerza, podrías levantar un árbol gigante sin esforzar los músculos. ¡Pero una minúscula astilla de madera del árbol podría perforarte la piel!

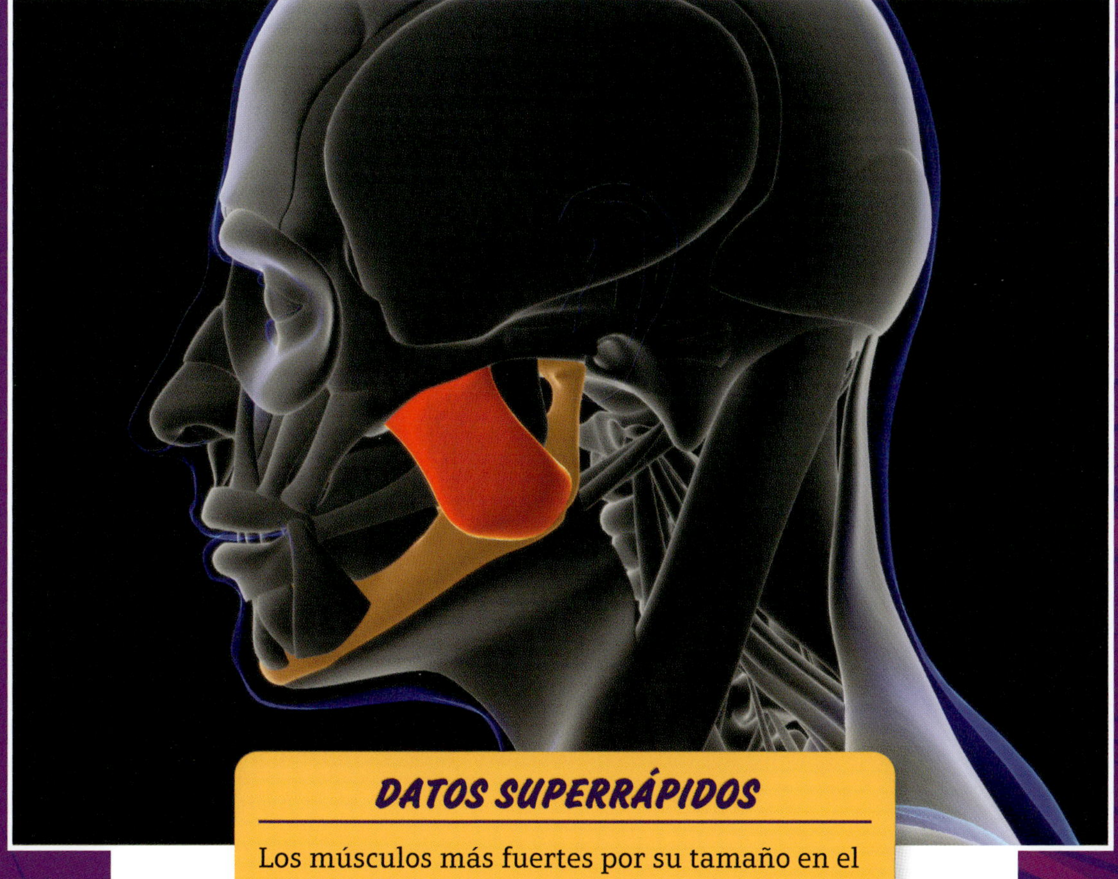

CAPÍTULO 3

LA VERDADERA SUPERVELOCIDAD Y SUPERFUERZA

¡La comida es combustible! Tenemos que comer si queremos movernos.

Es posible que las personas promedio no tengan superpoderes, pero pueden enfocarse en ser más rápidas y más fuertes. La buena nutrición es un componente fundamental. No podemos hacer crecer los músculos sin el combustible adecuado, y ese combustible viene de la proteína, de los nutrientes, y de otras sustancias en los alimentos. Los actores que interpretan superhéroes en las películas y en la televisión siguen dietas especializadas para ayudarlos a aumentar la masa muscular. Para hacerse más grandes, tienen que consumir más calorías de las que queman mientras se entrenan. Una persona necesita sumar 3,500 calorías a su dieta para conseguir 1 libra (0.5 kg) de músculo.

Los héroes con supervelocidad probablemente tengan más apetito. Correr a una supervelocidad quemaría 600 mil millones de calorías. ¡Para recuperar esas calorías, tendrían que comer 200 millones de porciones de pizza!

Al igual que los héroes, algunos humanos son extremadamente fuertes y rápidos. Pero muchos se enfocan en ser una cosa o la otra. No todos los músculos son iguales. Los fisicoculturistas tienden a tener músculos grandes y voluminosos. Los corredores generalmente tienen músculos delgados y largos, que los ayudan a correr distancias largas.

Los fisicoculturistas abordan grupos específicos de músculos cuando entrenan.

Los seres humanos tienen una sustancia en el cuerpo llamada miostatina que limita el tamaño del músculo. Pero algunas personas naturalmente tienen cantidades bajas de miostatina. Sus cuerpos generan músculo fácilmente y tienen poca grasa corporal.

DATOS SUPERRÁPIDOS

¡Las bananas son el combustible perfecto para el cuerpo! Son ricas en potasio y carbohidratos, lo cual potencia la energía y ayuda a hacer crecer el músculo.

Las personas usan una pequeña cantidad de su fuerza y velocidad potenciales. Pero a veces, las emergencias generan circunstancias extraordinarias. Las personas ordinarias han tenido momentos de superfuerza. En un reportaje de noticias, dos niñas adolescentes levantaron un tractor para rescatar a su padre. ¿Cómo es esto posible? Adrenalina.

La adrenalina es el químico que aumenta el flujo de sangre a los músculos. ¡Cuando nuestros cuerpos se encuentran emocionalmente estresados, como en momentos de excitación o miedo extremos, la adrenalina les da a nuestros músculos un aumento de potencia! Lamentablemente, los científicos no pueden estudiar estos momentos de superfuerza. Las personas tienen que estar en situaciones extremas para recibir esos superaumentos de adrenalina. Esas condiciones son difíciles de crear en un laboratorio.

ROMPER RÉCORDS

Las limitaciones a nuestros cuerpos físicos evitan que logremos la superfuerza y la supervelocidad. Pero científicos e ingenieros están trabajando para superar esas limitaciones.

El récord actual de un ser humano corriendo es de 27 millas (43 km) por hora. Como corremos en dos piernas, los científicos creen que nuestra mayor velocidad potencial no es mucho más rápida. Los guepardos pueden correr a 70 millas (113 km) por hora. Siempre han tenido dos de sus cuatro patas ejerciendo fuerza sobre el suelo. Las velocidades más rápidas se dan gracias a más tiempo en el suelo. Es por esa razón que el esquí sobre hielo es más rápido que correr, incluso aunque las piernas se muevan más lentamente.

DATOS SUPERRÁPIDOS

Sin la resistencia del aire, es más fácil ir superrápido en el espacio. ¡La nave espacial *Apolo 10* de la NASA viajó a 24,791 millas (39,897 km) por hora!

El guepardo es el animal terrestre más rápido.

Incluso si pudiéramos superar el problema de correr en dos piernas, a los seres humanos aún nos faltaría energía y resistencia para lograr y mantener la supervelocidad. ¡Una mochila impulsada podría ser el envión que necesitáramos! Un estudiante de ingeniería diseñó una mochila con ventiladores. Después, los científicos mejoraron la mochila y redujeron su peso. La aceleración instantánea de la mochila permite a las personas correr más rápido de lo normal.

Las mochilas impulsadas pueden ayudar a las personas a moverse superrápido por el suelo o el aire.

AVANCE DE LA CIENCIA Y LA TECNOLOGÍA

Guardian XO es un exoesqueleto de cuerpo completo, o un traje robótico, diseñado para los seres humanos. El traje es cómodo y liviano. Como un héroe de acción, el operador puede levantar 200 libras (91 kg) con facilidad. Las empresas pueden dar estos trajes a empleados que necesiten levantar objetos pesados. Los trajes permitirían a los empleados de todas las edades y habilidades trabajar codo a codo.

Los atletas siempre están buscando formas de romper récords de velocidad y fuerza y unirse a las filas de los héroes de historietas. La buena nutrición, los programas de ejercicios y el talento natural solo permiten a las personas llegar hasta cierto punto. Pero con la ayuda de la ciencia y la tecnología, la supervelocidad y la superfuerza pueden ser una realidad en el futuro.

¡EL SUPERHÉROE ERES TÚ!

Toma una hoja de papel, una banda elástica y un libro. Después, convierte la endeble hoja de papel en un héroe superfuerte.

Probablemente pienses que no puedes sostener el peso de un libro con una hoja de papel. Pero démosle al papel superfuerza y veamos qué sucede. Enrolla el papel a lo largo en la forma de un cilindro. Usa una banda elástica para asegurarlo. Pon el cilindro parado sobre una mesa y nivela el libro encima. ¿El papel sostuvo el peso del libro?

GLOSARIO

adrenalina: sustancia que aumenta el flujo de sangre a los músculos

área superficial: la cantidad de área cubierta por la superficie de algo

calorías: unidades de calor usadas para mostrar la cantidad de energía que producirán los alimentos en el cuerpo humano

fricción: frotar una cosa contra otra

ingeniero: persona que diseña y construye máquinas

presión: el peso o la fuerza que se produce cuando algo empuja contra otra cosa

proteína: una sustancia que se encuentra en alimentos como carne, leche, huevos y frijoles

resistencia: la capacidad de hacer algo difícil por mucho tiempo

MÁS INFORMACIÓN

Ducksters–Speed and Velocity
https://www.ducksters.com/science/physics
/speed_and_velocity.php

Hoena, Blake. *Super Speed*. Minneapolis: Bellwether Media, 2021.

Mattern, Joanne. *Super Strength*. South Egremont, MA: Red Chair Press, 2019.

Olson, Gillia M. *Muscles and Bones (A Repulsive Augmented Reality Experience)*. Minneapolis: Lerner Publications, 2021.

Polinsky, Paige V. *Super Strength*. Minneapolis: Bellwether Media, 2021.

TEDEd: If Superpowers Were Real–Super Speed
https://ed.ted.com/lessons/if-superpowers-were-real
-super-speed-joy-lin

TEDEd: If Superpowers Were Real–Super Strength
https://ed.ted.com/lessons/if-superpowers-were-real
-super-strength-joy-lin

12 Marvel and DC Super Hero Tech That Has Actually Been Invented
https://interestingengineering.com/12-marvel-and-dc-super-hero
-tech-that-has-actually-been-invented

ÍNDICE

adrenalina, 23
Apolo 10, 25
atletas, 28

Einstein, Albert, 7
elefante, 13
escarabajo pelotero, 13
explosión sónica, 7

gorila, 13
Guardian XO, 27
guepardos, 25

miostatina, 21

NASA, 25
nutrición, 18, 28

proteína, 18

tiempo de reacción, 10, 11
Tierra, 9, 13

velocidad de la luz, 7

Créditos por las fotografías